生死50問

學佛入門 Q&A

法鼓文化編輯部 編著

〈導讀〉

面對生死學習愛

年輕時只相信「把病人從鬼門關搶回來是醫師天職」，行醫多年，看盡病床邊生命流逝前的悲歡離合，體悟到陪伴末期病人與家屬平順走完人生路更重要。

脫下白袍，我和大家一樣是人子、丈夫、父親，記得二年前面對自己父親疾病與死亡的到來，我們兄弟及家族成員經歷了縝密的討論，依照父親的心願選擇了接受安寧療護，甚至對於爸爸的死亡過程進行各種沙盤推演，終於，圓滿地讓爸爸在家走得安詳舒適，也讓母親能寬心地面對父親的死亡，而安然放下。

安寧療護不是「放棄」，而是尊重生命、讓死亡回歸自然，拒絕加工延長的死亡，讓生命末期的人能走得舒適有尊嚴，除此之外，若能依照心願、在熟悉的地方、親人陪伴之下安詳善終，更是一圓滿之事。

近來我所推廣的社區安寧照護模式，由居家安寧團隊走入社區照顧生命末期病患，提供以病人和家屬爲中心的全人照護，正是爲了讓末期病患能如心所願、在宅善終。生命末期是指病人病情爲不可逆，且在未來六至十二個月內可能死亡稱之。建構生命末期照顧歷程，從決策期、穩定期、瀕死密集照顧期到悲傷輔導期，依據病人與家屬的需求而有不同的照護目標，同時也有不同的困境。

「決策期」最難的是「辨識」末期與「接受」是末期。因此必須經由良好的溝通，啓動家庭會議，讓病人與家屬共同討論生命末期之決策，照護團隊營造內部共識並擬訂照顧計畫。「穩定期」爲提供高品質照顧並預做瀕死期鋪陳，由於非癌症病人大多數有一段較長的穩定期，照護團隊提供症狀控制、舒適護理、心願完成，藉以提昇病人和家屬照護品質，以及預做下一階段之臨終醫療照護計畫鋪陳。「瀕死密集照顧期」依病人意願選擇善終方式，進行密集照顧，不做醫療干預自然死亡，瀕死期照顧是完成善終重要關鍵。團隊以接力方式增加到宅或機構探視次數，讓病人家屬安心並進行瀕死情境演練，以完成道謝、道愛、道歉、道別之四道人生，讓病人及家屬預做死亡準備，病人可在宅或機構中自然往生。「悲傷輔導期」到府開立死亡證明診斷書，定期追蹤及關懷。悲傷輔導是社區居家安寧之精髓，團隊責無旁貸地提供照顧，從過世即提供死亡證明診斷書開立到悲傷輔導，落實全隊、全程、全社區之照顧。

社區安寧照護模式與本書《生死50問》內容不謀而合，書中以佛法的觀點讓人簡淺易讀，在四大單元「豁達面對人生大事」、「練習對人生說再見」、「冥陽兩利好修福」、「心安平安眞自在」中詳盡地答覆，相信能爲讀者帶來更多的啓發。

第一單元「豁達面對人生大事」闡述聖嚴法師對「生死事大」的觀念，提及人生在世，不知爲何而生？爲何而活？爲何而死？短短數十年，就此草草結束，實在可惜。與其被動地等待死亡，不如主動地探究死亡這門功課。就是在教我們如何接受人生末期勇敢地面對死亡。

第二單元「練習對人生說再見」告訴我們面對人生無常，應及時把握生命，參透生死關。更告訴我們人一出生就註定逃不過死亡，只是每個人的壽命長短不同而已。如果能了解死亡，就不怕死亡了。要做到不等死、不怕死，前提就是要正確認識死亡，並隨時做好死亡的心理準備。唯有預做準備，到時才不會情緒失控，手忙腳亂。

第三單元「冥陽兩利好修福」介紹法鼓山所推廣的佛化奠祭，改良儀式，將佛法精神與時代結合，讓大家更容易參與佛事，從中體驗到佛法的慈悲與智慧；說明慈悲心的環保自然葬，改善繁複的禮俗；不破壞自然景觀、不造成土地利用的浪費，有助於保持生態環境的平衡，確保人類生活空間的共存共榮。

第四單元「心安平安眞自在」表達對亡者的眞正敬重與心意，可先與家人達成對後事的目標與方向爲：採用佛化的奠祭儀式，以環保節約、隆重祥和爲精神，展現生命的尊嚴和死亡的莊嚴。另外，也特別提到如何與孩子解釋死亡，深具意義，確實生命教育應該向下扎根，讓小朋友早點了解面對生死應有的態度。

相信《生死50問》，是一本以佛門角度，面對死亡的入門書，指引讀者安心、放心地做好善終規畫的工具書。

臺北市立聯合醫院總院長

黃勝堅

目次

1 豁達面對人生大事

2 練習對人生說再見

3

冥陽兩利好修福

4 心安平安真自在

1

豁達面對人生大事

Question 01

生死爲何是人生大事？

在不能自主生死前，只能在生死苦海裡，或貪生怕死，或千生萬死。無論求生、求死，皆由不得自己。這也正是佛陀爲何要出現人間的原因，指導我們學習了生脫死得自在的智慧。

生、老、病、死，無人能免

佛陀在少年時代，於出遊四門時，見到人間的生、老、病、死，警醒凡是生而爲人，不論貧富貴賤，無一能免。因此放棄繼承王位，出家修道，尋找解脫生死的方法。我們從出生到老死，每個人無論或多或少都會經歷病苦，都必須面對生死無常，但有多少人會像佛陀一樣，努力尋找解開生死的鑰匙？

佛教將六道輪迴，稱爲「生死流轉」；解脫輪迴之苦，稱爲「出離生死苦海」。爲何佛教說生死是苦海，必須了生脫死？「生死」一詞，梵文稱爲薩摩沙羅（samsāra），意爲生死相續。即是在六道中往返生死，永無盡期。因此，必須修行以出離生死苦海。

生死事大五個層次

聖嚴法師曾指出「生死事大」的五個層次：

第一個層次：出生的目的，是爲了來世界上生和死——出生、生存、生活，最後生命結束。人一出生就確定有死亡的事實在等待，所以生和死就是人生的大事。

第二個層次：爲什麼要出生？爲什麼要死亡？生死之間的意義是什麼？責任是什麼？多數人不知爲何而生，所以貪生怕死；不知爲何而死，所以茫然無緒。與草木同生，與草木同腐。

第三個層次：生從何來？死往何去？從佛教信仰的立場而言，出生一定是由前一生轉過來的；但前生是什麼呢？不清楚。生命結束後又到何處？不知道。這一生受苦或享福並非憑空而來，而是由過去世所造的業因帶來的。清楚第三個層次，就能在此生中安身立命，面對現實。

第四個層次：生與死不能總是在因果中打轉。生生世世，恩怨無盡，煩惱不斷，這種折磨很可怕。必須把生死勘破、放下，即是從生死得解脫。世間萬物生前帶不來，死後帶不去，唯有自己的福德可以帶走。這個層次雖是置生死於度外，但仍有所不足。

第五個層次：生也不錯，死也很好。過去是什麼？不必問，未來會如何？不擔心，將生死的問題全部放下。這種大自在的生死態度，唯有大修行者才做得到。

如果人生在世，不知爲何而生？爲何而活？爲何而死？短短數十年，就此草草結束，實在可惜。與其被動地等待死亡，不如主動地探究死亡這門功課。面對人生無常，生死事大，應及時把握生命，參透生死關。

（鄧博仁　攝）

Question

02

死亡是什麼？

雖然大家都不喜歡死亡，但是有出生就一定有死亡，人們因爲不知道死後何去何從，因而恐懼、害怕，貪生而怕死，但是事實上沒有一個人可以不死。

死亡的歷程

以醫學上來說，死亡是以腦死，無呼吸、心跳的生命現象爲判斷，佛教則認爲沒有生命、體溫，神識脫離身體，才是眞正的死亡。死亡的過程，會經歷什麼狀態呢？

就佛法觀點來看，人的身體是由地、水、火、風等四大組合而成。就肉體而言，當人死亡時，首先是沒有了氣息，也就是斷氣，然後體溫漸漸消失，細胞也逐步腐爛。軀體逐漸地四大分離，堅硬的部分變成土、流質的化為水、熱能轉成火，最後呼吸回歸於大氣。當地、水、火、風全部解散，回歸於四大時，身體已經不存在了。

以精神面而言，人瀕死時，有的修行者能預知自己大限將至，而有的人不知道要死期已至。有的人會見到各式各樣的幻境，例如看見死去的親人，看到天國、佛國或佛菩薩現前。這些有的是好的幻境、有的是壞的幻境、有的是美好的、有的是恐怖的，但都不是眞實，也無所謂好壞。重要的是不要受幻境的影響，不要害怕、不要拒絕，也不迎接它。

但是，如果平時常持誦佛菩薩聖號，並發願往生西方極樂世界，臨終時若見到佛菩薩，應是與自己的願力相應，可以安心隨著佛菩薩前往。如果見到的是不相應的世界，則不要受出現的幻境影響。

此外，以精神面來說，知道自己的肉體已經死亡，意識也離開了肉體，但是記憶卻未消失，這是前一生業的力量，是自然而然產生的一種神通。這個時候如果看見家人，不要跟著他們走。

中陰身階段

通常人死後的四十九天內，是處於「中陰身」階段，此時在等待自己的因緣或是業力的成熟；業力成熟後，哪裡先成熟就往哪裡投生。所謂的中陰身，就是此一身到彼一身，也就是此一生到下一生之間的過度階段，既非是鬼，卻也非人。中陰身階段是最靈敏的，能清楚知道自己已經不是人，也不是鬼，於是託夢、顯靈等情形，多半會在此階段出現。

結束中陰身階段後，就必須轉生，如果沒有轉為畜生道、人道、天道，或者往生極樂世界，就會進入餓鬼道。進入地獄道的人，通常不經過中陰身階段，俗話說：「入地獄如射箭。」生前惡業很重的人，死後會馬上進入地獄道；如果有人一生之中修得天福，死後則生入天國。而修行者不一定會經歷中陰身階段，因爲神識已直接進入西方極樂世界了。

聖嚴法師認爲死亡可由五個面向來看：一、死亡不是前途的結束。二、死亡是生命過程中的一個段落。三、死亡是走向未來的起點。四、死亡是此生的功德圓滿。五、死亡是此生果報的終極。如果我們能如此認識和面對死亡，便能自在接受死亡到來的一天。

Question

03

人為什麼怕死？

人會怕死，是因為不知道死後的自己是否還存在。

去自己想去的地方

如果能知道自己死後有地方可去，而且去的地方可能比現在更好，那又何必畏懼死亡呢？或者，死後有另外一段生命正等待著我們出生，又為什麼要害怕死亡呢？生命就好比一段旅程，如果我們把死亡當作一個階段的結束，接下來再到另外一個地方旅遊，而且是我們自己想去的地方，能夠如此想，死亡就一點也不可怕了。

（鄧博仁　攝）

達成心願

對於有宗教信仰的人，死亡可以達成自己的願心，往生到佛國淨土，或是乘願回到人間。既然已經到了佛國淨土，那裡比人間更美好，又何必害怕死亡？如果因願力而在人間度化眾生，並且要到災難最多的貧苦地方，去幫助那些貧苦的人，雖然生活很辛苦，也會甘之如飴。一切端看我們存著什麼心？只要是前往自己想要去的地方，就沒有什麼好畏懼的了。

Question

04

人死後去哪裡？

由於我們對死後的世界全然陌生，就像是出遠門，要到一個遙遠而從來沒有去過的地方，既沒有相關資訊，也未見到有人來迎接，所以容易對死亡心生恐懼，連死後世界是否存在，也只能半信半疑。面對多重的未知與恐懼，許多人便不願正視死亡。

隨業力往生，隨願力往生

依照佛教的說法，往生的情況有兩種：一種是隨業力往生，另一種是隨願力往生。跟隨業力往生，是隨著這一生所造的業力，加上累生累劫所造的業力去投胎，其中以今生的業力最明顯，過去生的業力仍然存在，只是力量較弱。另外有一種情況是跟隨願力往生，這又分爲兩類：第一類是發願再回到人間來修行，以

（李蓉生　攝）

人身來度化衆生；人間的環境比較容易修福修慧，所以很多修行者都發願再來人間廣度衆生。

但很多人沒有把握下輩子能再生到人間，害怕墮落到地獄、畜生、餓鬼三惡道中，也擔心即使再到人間，會忘了曾發過的誓願，而不能繼續親近佛法；所以釋迦牟尼佛開了另一個方便法門，就是鼓勵大家發願往生西方極樂世界，這就是第二類的隨願力往生佛國淨土。

往生佛國淨土修行

人間有水災、火災、風災、地震、刀兵、疫癘等災難，極樂世界不會有這些災難，那是一個沒有生老病死苦、沒有天災人禍的淨土。不但阿彌陀佛的壽命無量，衆生的壽命也是無量，因爲衆生都是蓮花化生，所以不會生病，也不會衰老、死亡，同時在修行的路上也不會退步，可說是成佛的保證班。

除了西方彌陀淨土，還有許多不同的淨土，例如兜率內院的彌勒淨土，只要發願往生，死後便即往生，得以親近彌勒菩薩，待彌勒菩薩下降人間成佛之時，便隨同來到人間，一起在人間建設佛國淨土。

Question

05

佛教爲何稱死亡爲往生？

佛教稱死亡爲「往生」，意指死後是有未來的，不是一無所有。往生到哪裡呢？佛教徒通常會發願往生佛國淨土，如果不想往生他方淨土，也可以發願再回人間行菩薩道。因此，佛教徒面對死亡時，不但不應恐懼，反而應是歡喜以待，這樣的意義非常深遠，有很大的安定力量。

生與死一體兩面

生命與死亡是一體的兩面，所以生存與死亡，都是無限時空中的必然現象。

1. **生是權利，死也是權利**：生是責任，死也是責任。活著的時候，接受它、運用它；結束的時候，接受它、面對它。如同聖嚴法師對於癌症末期的病人的勉勵：「不要等死、怕死，多活一天、一分、一秒都是好的，珍惜活著的生命。」因爲生存和死亡，都是無限時間之中的必然現象；不應該死的時候不應求死，必須要死的時候，即使貪生也沒有用。

2. **生與死息息相關：**每個人從出生那一天開始，就要面對死亡的來臨。死亡的發生，可能是親友，也可能是自己，而且隨時都可能發生，要做好心理準備。沒有人知道何時會死亡，因此，只要知道它會來臨，卻不必憂慮死亡會發生，只要是活著的一天，就珍惜生命，盡自己的責任，努力奉獻。

生命的意義、價值與目標

人的生命，就是生與死之間的一個階段、一個過程，在其中實踐生命的意義、價值與目標。

1. **生命的意義：**從佛教的立場來看，生命是爲了受報和還願而存在的。過去許過的願，一定要實踐承諾；過去造的業，必須要受報。因此，也可以說生命是由於因果的事實而存在的。

（許朝益　攝）

2.生命的價值：生命的價值，並不是由客觀的他人來評估判斷、確立的，而是自己負起責任，完成一生中必須要完成的責任，同時盡量運用其有限的生命，做最大的奉獻。每個人在世界上，都扮演著許多不同的角色，必須盡心盡力奉獻自己的能力，而不求任何回饋，這就是生命的價值；這種自利與利人的工作，便是在行菩薩道。

3.生命的目標：生命需要有個大方向，以做爲自己永久的歸宿。佛教徒要將自己所有的一切，都分享給他人，把所有功德迴向給一切眾生；同時要不斷發願，願能夠自我成長與自我消融，以圓融與超越的態度，做永無止盡的奉獻。如果建立了這樣的目標，不論人生是長是短，都是極有尊嚴的。

建立正確的生死觀

佛教徒相信有過去世的，然而生從哪裡來，並不需要透過神通得知，因爲過去的生命是無限的，不需無止盡地追究。佛教主張只要好好地奉獻自己，把握修行因緣，其他一切順其自然。

我們現世的這個階段，只是在無窮的、無限的生命過程中的一個段落而已。如同不斷在旅行，前一天在臺灣，後一天可能就到了日本、美國，經常在不同的地方出現又消失；生命也是一樣，當一期生命的過程告一段落，另一期的生命過程正等待著去接受。因此，死亡不等於生命的結果，反而是新生的開始。

如果我們不清楚生命的意義、價值與目標，生死只是輪迴受苦的過程，反之，則每一趟生命旅程，不論所到的是什麼地方、遇到的是什麼人，都是實踐生命目標的美好經歷。

Question

06

青春不老、長生不死可能嗎？

自古以來，很多人都追求青春不老，希望長生不死，但迄今爲止，世界上還未發現有人可以不死。不僅人會一出生就貪生怕死，其他動物也是如此，但觀察世間萬物，即使是植物也會榮枯交替，有千年神木，卻沒有萬年不死的樹木。萬物都離不開生滅無常的變化，不可能永恆不變，即使是我們生存的地球，也有生命的終點。

世間萬物皆生滅無常

地球不可能一成不變地存在，不只地球的自然環境變化，會形成春、夏、秋、冬，人類身體也有生、老、病、死的自然變化。除了身體會變化，我們的心理活動也是轉變不已，心理活動有生、住、異、滅四相，意即我們每一個念頭都

（李蓉生　攝）

會經過「出現」、「暫時留駐」、「變化」、「消失」這四個過程。

因此，從宇宙、地球、生物、人類，到我們的身體、心理都無法永恆不滅，它既生生不息，也同時變化不已，這就是無常現象。

妄求不死身

人類其實很清楚人終會死亡的事實，卻一直有長生不老的欲望，這個欲望廣見於人類歷史各個民族的宗教信仰裡。例如古埃及人相信人死後可復活，所以發明木乃伊，但至今從來沒有一具木乃伊復活。中國古代也是如此，帝王想盡辦法讓自己的遺體不腐化，並發展出了陪葬的死亡文化，渴求復活、希望永生，卻無人如願。

如果真能擁有不死身，像傳說中的吸血鬼一樣青春永駐、長壽不死，有誰真的願意變成吸血鬼？如果不能跳脫生死、苦樂的煩惱輪迴，活得愈久，所受的煩惱也愈重。生命的意義與價值，不在於壽命的長短，而在於能否對生命負責，奉獻有限的生命。我們與其追求不死身，何不反思活著的意義？如何活出生死皆尊嚴的人生？

Question

07 如何面對人生終點？

死亡就像是工作一天累了，需要休息、睡覺，洗好澡後就睡了。如果能把死亡和睡覺看成一樣自然的情況，也就用不著害怕了。這兩者的差別是：睡覺後，我們知道明天還會起床，起來後依然是我，朝九晚五地上班工作，但是死後要到哪裡去呢？這時候，就需要有宗教信仰，才能知道答案了。

宗教信仰讓人安心

如果沒有宗教信仰，認爲死了以後就沒有了，這是唯物主義者。對宗教徒來說，死了以後，是有地方可以去的，不會感到茫然。死了以後，會出現另外一個境界，體會另外一個生命。對凡夫而言，就是轉生。轉生是根據我們的業力，這一生造了什麼樣的業，惡業或善業，我們下一世轉生，就轉到惡道或善道。善業

（林家羽　攝）

多做一點，就進入善道；如果做很多惡業，透過懺悔還可以進入善道，如果不懺悔就會進入惡道。

隨時隨地面對死亡

人應該隨時隨地面對死亡的事實，並不是年輕人就不會死，也不一定是年紀大了或是害病才會死，它隨時隨地可能降臨在我們身上。因此，我們的心裡不是準備赴死，不是等待死亡，而是要準備隨時面對死亡。如果有這種觀念，心裡就不會恐懼。

有了宗教信仰，更能安心看待死亡。因爲知道生命是一個一個的過程，繼續不斷地往前走，所以這一世生命結束時，不是百般無奈、不是空虛無比，而是充滿希望。有一個新的希望在前面，新的環境在前面，不僅要坦然地面對，而且要非常喜悅地接受死亡。

Question

08

自殺就一了百了嗎？

許多人面對過不去的人生關卡，例如失戀、失業或債務，選擇用自殺來解決問題，讓一切恩怨與債務一了百了。事實上這是一種斷見。從現實來說，不論是感情還是金錢問題，欠了就該償還，那是一種責任。拿生命償還，並沒有眞正解決問題。

不能解決現實問題

從佛教因果來看，人死後還要依業力而受報輪迴，現實的問題沒解決，來世還是會再次遇上同樣的問題。問題的因已經種下去了，用自殺來逃避，不管是經過了幾世，最後還是得繼續承受果報。所以依照佛教的觀念，面對問題時要承擔、面對、處理、解決、放下。

（林家羽　攝）

有些人認為用自殺解決問題，可以讓家人解脫，事實上未必，自殺後留下一堆問題讓親友處理，反而增加問題；更重要的是個人的死，將造成家人的陰影，這種失去親人的痛苦，絕不是一了百了，反而讓家人長久無法釋懷。

當然，也有些案例是父母帶著子女，或是情人相偕共赴黃泉，彷彿一起死，將不會造成親人、愛人的遺憾與困擾，而且在黃泉的路上還能在一起。這種「不求同年同月同日生，但願同年同月同日死」的想法，絕對是錯誤的。

擁有共同的願，同行菩薩道

因為，這樣的行為是剝奪他人求生的權利，依佛教戒律，自殺是犯了殺生戒；其次，從佛教的角度來看，每一個人都有自己的業力，業有過去的業、現在的業，導致未來，都是因緣種種的業；所以雖然是一同死，但是每個人在世上所作所為不同，就會依所造的善惡業而受生，絕不會因為一同死，而就在一起。

自殺是無法決定死後的去處，要決定死後的世界，只有發利人善願，行菩薩道，這樣不管何時死，有了共同的願，才能一起在阿彌陀佛的極樂世界，成爲菩提眷屬。

Question

09

眞的有六道生死輪迴嗎？

「人死了之後會變成什麼？變鬼還是變神？下輩子會生天還是下地獄，還有機會做人嗎？」大部分人都好奇死後是怎樣的一個世界，同時也渴望了解生命的來龍去脈。

傳統上中國人認爲，人死後爲鬼，《說文解字》也講「人所歸爲鬼」，於是有了陰曹地府、閻王、判官一類說法，鬼的世界彷彿和人間一樣，只是陰陽兩界不同；不過，從佛教六道輪迴的觀念來看，鬼僅僅是其中的一種可能。

所有眾生皆離不開生死輪迴

佛教相信，除已解脫生死或自主生死的聖者外，所有衆生都不能不受六道生死輪迴的限制。佛教認爲人死後，會隨著過去的業力投生，在六道裡上下浮沉。所謂六道，指的是衆生死亡後所趨往的世界，包括天、人、阿修羅、畜生、餓鬼、地獄。

這六大類是從五戒十善、十惡五逆而有，如果生前持戒、多做善事，就能感得天、人、阿修羅的福報善果；如果造作各種惡業，則會下墮畜生、餓鬼、地獄受苦，所以稱前三者爲「三善道」，後三者爲「三惡道」。當每一類的福報享盡或罪報受完，便是一期生死的終結，接著又是另一期生死的開端，我們就這樣在六道之中，生來死去，死去生來，稱爲「六道輪迴」。

不過，阿修羅的衆生，雖然享有天福，卻因爲瞋心重而損傷修行功德，所以也有佛經將阿修羅歸爲鬼神一類，而提出「五道」的說法。

眾生的生死範圍雖然有六道差別，但是善惡業因的造作，以人道爲主；六道之中，也唯有人道是造業、受報的雙重道，其餘各道都只是受報的單行道。

人身難得要珍惜

聖嚴法師在〈佛教相信輪迴是確實的嗎？〉一文中說明，「地獄道」的眾生飽受身心煎熬，根本無法提起善念或修行的念頭；「畜生道」因爲愚癡，不能分辨善惡，自然更不用說是聽經聞法；而「鬼道」眾生沒有身體，只能依附草木，在虛空中飄蕩。「天道」、「阿修羅道」則一味耽溺感官樂受，感受不到輪迴苦與出離的必要。只有人道，既能受苦受樂，也能分別何善何惡，因此佛教特別重視人的起心動念、善惡業行，因爲一點一滴的選擇累積，都決定了我們往哪裡走。

儘管每一道都有六分之一的機率，但投生爲人並不容易，如同佛陀以「得人身如爪上泥，失人身如大地土」譬喻人身難得，勉勵我們要把握人身，好好地修福、修慧。

（李蓉生　攝）

Question

10

只有修行人才能往生極樂世界嗎？

對於一般大眾而言，平日或臨終前，發願往生阿彌陀佛的西方極樂世界，是最好的歸宿。極樂世界是由阿彌陀佛的願力所成，爲衆生廣開方便大門，並不是只有修行人，才能夠往生西方。即使是沒有宗教信仰的人，平常沒想過死後要到哪裡，如果家屬能爲他做佛事、行布施，仍是有機會往生西方。

為亡者指引方向

人死後難免徬徨無依，家屬不管是拜懺、誦經、持咒，都能爲亡者指引一個方向，只要告訴他前往西方，就能離苦得樂，亡靈通常都會接受指引，因爲他也不知道能去哪裡。如果亡者生前無定見，死後也無人爲他修法指引，而且非大善人，也非大惡人，通常會再生於人世間。

一念與佛相應即至

很多人都以爲西方極樂世界非常遙遠，其實只要一念與佛相應就到了，如同佛經所說：「屈伸臂頃到蓮池。」意指只要信心堅定，人與佛土間的距離，只要屈、伸手臂一次的時間，就可以到達了。因此，不論是臨終最後一念發願往生淨土，或是臨終後因助念而得聞佛名，都有機會往生極樂世界。

（李蓉生　攝）

Question 11

人眞的能解脫生死嗎？

世人最難處理和最難接受的是生死大事，面對生死存亡，很難不貪生怕死。但是對於到達解脫程度的人而言，死亡和生存是同樣的事。

生與死只是一線之隔

原因有二：第一，從信仰而明瞭生與死只是一線之隔，從過去世的死亡，產生現在生的出生，有了現在的生命，必定會帶來最終的死亡。一個階段的生死現象，是無盡時間中的一個小點，死亡不代表什麼都沒有了，死後尚有另一生死的段落在等待。因此，死亡並不可怕。

第二，從修行的工夫來看，如果能修到威脅利誘不動於心的程度，不受煩惱的感染，便能解脫生死。

是非得失，如雲如煙

佛的智慧告訴我們：肉體的生命，是由地、水、火、風的四大組成，一旦四大分散，人的身體便會破壞、消失。一切的是非得失，如雲如煙，如幻如化，那還有什麼好計較的？如果能體會生命的眞諦，也就能夠不爲生死問題而煩心了。

一般人雖然不易做到生死自在，但是至少能夠試著勇敢面對生死、接受死亡的事實。

Question

12

佛教如何看待生死？

生與死是人生必然的過程，生命本身是非常尊嚴珍貴的。一個人如果不尊重自己的生命，死亡有何可惜之處？反之，如果死得很有尊嚴，死亡又有何可悲之處？因此，最重要的是自己看待死亡的態度。

分段生死、變易生死、不生不死

站在佛教徒的立場，死亡不是喜事，也不是喪事或悲哀的事，而是一樁莊嚴的佛事。死亡是生、老、病、死一定過程的階段，端視你如何面對它。

一般人認爲解脫生死，是不再輪迴生死，其實不全然對，應該是煩惱從此以後不生不滅。佛教將生死分爲三類：

1. **凡夫眾生的分段生死**：分段就是一個階段、一個階段，一生又一生，從生到死，從死到生。凡夫僅僅停留在這個階段，只有生死，沒有提昇生命的意義和品質。

2. **聖者的變易生死**：由菩薩的階段或羅漢的果位，直至到成佛的層次，一級一級不斷地提昇，稱爲「變易」。是用佛法來修行、成長，提昇生命品質，因此，慈悲和智慧的功德身不斷在淨化生命。

3. **大涅槃的不生不死**：前面兩種都是有生有死，但是到了成佛的果位，也就是大涅槃境界時，便已超越肉身，實證法身，達到絕對的不生也不死，並且能以種種身分，普遍地出現在所有衆生的生死苦海之中，雖然還有生死的現象，但是已經沒有生死的執著、煩惱與不安了。

生死的三種態度

以禪修者的立場來看，生死還可分爲三個層次或三種態度：

（鄧博仁　攝）

1. **隨業生死**：生和死，自己做不了主，生死茫然，醉生夢死。

2. **自主生死**：清楚知道生與死，活要好好地活，死要勇敢地死；活得快樂，死得乾脆。

3. **超越生死**：雖然有生有死，但是對於已經解脫、超越生死、大悟徹底的人來說，生與死不僅僅相同，甚至根本沒有這樣的事。

雖然我們目前無法像聖者超越生死，但是能生則必須求生，非死不可則當歡喜接受；感恩生存，也當感謝死亡。

2

練習對人生說再見

Question

13

爲何要爲告別人世預做準備？

人人都希望能安享晚年、安詳辭世，但總難免會有突發的疾病或無法預測的天災、人禍等意外，狀況輕者可以順利康復，嚴重的話，有可能就此離世。這種意外死亡，不但往生者自己沒有心理準備，身旁的親友也難以接受。因此，生前做好對死亡的心理準備是很重要的。

坦然面對死亡課題

人一出生就註定逃不過死亡，只是每個人的壽命長短不同而已。如果能了解死亡，就不怕死亡了。要做到不等死、不怕死，前提就是要正確認識死亡，並隨時做好死亡的心理準備。唯有預做準備，到時才不會情緒失控，手忙腳亂。

（李蓉生　攝）

傳統的農業社會，通常年過五十歲的人都會開始爲身後大事做準備，例如先買好壽衣、壽棺等，就是不願麻煩別人。這種坦然面對死亡的態度非常健康，也會更積極去完成人生未了的心願，並爲子孫積德造福。

然而到了科技發達、醫藥進步的二十一世紀，人類的平均壽命雖然得以延長，對於死亡的準備，反而比不上農業社會坦然自如。如果能及早認清有生就有死的必然因果關係，比較容易克服死亡的恐懼，自在地接受死亡。

預做準備安定身心

經過這幾年的社會推廣，人們較不忌談死亡，已能接受生前預立遺囑，甚至是生前先做告別式，能夠提前完成交代後事。與其當生死無常來時，把問題留給家人，造成親朋好友的困擾，應該提前爲死亡預做準備，告知家人自己對處理後事的想法，這樣才能讓自己與家人安心。

死亡不是人生的結束，而是另一段開始。準備死亡就是準備結束這段人生旅程，展開下一段的旅程。如果能夠平安離開現階段的旅程，又安然地到達另一個階段，這樣不是很好嗎？

Question

14

如何預立遺囑？

社會新聞常報導，父母往生後，因爲沒有預立遺囑，交代財產的分配，導致子女互相爭奪財產，不僅關係破裂，甚至對簿公堂。或是子女彼此信仰不同，爲了父母該如何舉行喪儀、安葬，吵得不可開交。這些事情對亡者及生者來說，都不平安。

預立遺囑避免紛爭

要避免這些爭議最好的方法，就是預立遺囑，這是對自己及別人盡最後責任的具體表現。不會讓家人耿耿於懷：「什麼都沒有交代就走了！」如果未事先與家人溝通及交代後事，不只造成家人困擾，後事的處理方式，也可能無法依自己的期望進行，變得徒具形式而已。

因此，預立遺囑也是維護自己生命尊嚴的重要方法。

豁達面對生死

有些人會覺得預立遺囑是不祥的，好像一寫就會死亡。西方人則常在年輕時就已寫好遺囑，日後再視主客觀環境的改變予以修正。目前臺灣社會未雨綢繆的觀念比以前濃厚，保險意識抬頭，但是願意爲自己規畫身後事的人並不普遍。其實預立遺囑的意義，並非只爲人生無常預做準備，更積極的意義是讓我們更加豁達面對生死，反觀自己看待生命的態度。

雖然預立遺囑的思考過程，只是模擬自己臨死的情況，但在進行思考與規畫的過程裡，可以檢視自己的生命歷程，思索人生的定位、意義、目標與方向，從中看清自己的人生現況眞貌。如此一來。如果人生尙有未完成的心願，也可以盡早圓夢。

（鄧博仁　攝）

預立遺囑可從三個方向做思考，檢視人生的方向與目標：一是由遠程目標回顧這生，是否對於人生目標都心滿意足而無遺憾；中程目標可以三年爲期分段，思索三年內想完成什麼事；短程目標則是萬一只能再活三個月而已，如何運用這段人生。每年可以擇一固定日期，取出遺囑做修改，透過調整內容，回想一年內發生的變化。

雖然遺囑包括的條目與內容，有其法律定義，但也可以自行另列具特別意義或目的的項目。對於財產的分配、文物的留贈、臨終醫療方式的選擇、葬禮的儀式，都要仔細思考。這樣一來，家人就不必面臨痛苦決定：「要不要急救？要不要器官捐贈？要不要大體解剖？」「不知應該土葬，或能不能火化植存？」這些都可在遺囑內先寫清楚。

預立遺囑可以減少發生遺憾。在意識清醒、條理分明時，寫上自己想對父母、配偶、子女、親友說的話，爲未來做好準備，這不只是一種生死無懼的生命態度，也是對無常人生未雨綢繆的智慧。

Question

15 什麼是安寧病房與安寧照顧？

有些重病末期者已無康復的希望，而治療過程又充滿痛苦，面對人生的最後一段路程，接受安寧照顧是一個很適合的選擇。

安寧病房心安寧

末期患者有時因爲治療性的醫療行爲，導致身心的極度不舒適。爲了維持患者的生命品質，如果經主治醫生評估並徵得同意，可考慮轉入安寧病房接受安寧療護。因爲末期病人有時需要的不是治療性的醫療行爲，而是心靈上的舒緩與支持。但這並不表示放棄治療，在安寧病房裡，有專業的醫療團隊和社工人員提供身體、心理、靈性的照顧與服務。

不同於以維持生命徵象爲原則的急診室與加護病房，安寧病房以「安寧共照」爲原則，將病人的權益放在第一順位。在安寧病房裡，病人的意志與人權會受到最大的尊重和保護。醫療團隊會盡最大的努力爲病人減輕痛苦。病人可依照他的信仰，獲得宗教上或靈性上的支援，同時病人的家屬也可得到支持。安寧病房是一個讓人在人生最後關頭，還能尊嚴而活的地方。

五全照顧

整個安寧照顧過程中，病患擁有最大的自主權，家屬也須全程參與，同時滿足病患和家屬身體、心理、靈性的需要，是一種提昇末期病人與家屬生活品質的「全人照顧」。除了全人照顧外，後來更發展出「五全照顧」：

1. **全人照顧**：包括對病患身體、心理、靈性與社會面向的整體關懷，以病患爲中心，做任何醫療或舒緩措施時，必須顧及病人的意願和感受。

2. **全家照顧**：即對病患家屬的照顧。病人臨終前會有很多狀況，陪伴家屬的身體與心理同樣會產生變化，歷經不同的感受，所以也需要顧及家屬。

3.全程照顧：「全程」是指從接受安寧照顧開始直到過世，甚至包括之後的哀傷輔導與情緒治療階段。

4.全隊照顧：安寧照顧需要許多人共同參與，包含醫師、護理師、心理輔導師、社工、家屬，甚至需要殯葬業和法律相關人員，是一個全團隊照顧。

5.全社區照顧：結合社區資源與志工，共同協助病人和家屬。

這種尊重病患意志，安詳走完人生最後一里路的緩和醫療方式，已日漸爲社會大眾所接受與肯定。

Question

16 如何告知臨終者病情？

就醫學倫理來說，醫師有告知病人病情的義務，但因臺灣民眾忌諱談論死亡，病患家屬常擔心病人無法接受實情，可能喪失求生意志，所以刻意隱瞞病情，以致醫護人員在告知病情時，需要有很大的技巧，才能使病人與家屬均能妥善調整心情。

尊重病人知的權利

其實即使家屬隱瞞病情，病人也能從本身病情、治療方式調整、照顧者態度等處察覺，只是彼此心照不宣。因此，告知病情不是「要」或「不要」告知的原則性問題，而是告知方法的「技術性」問題。除非病人向醫師明示或暗喻完全不想知道病情眞相，否則應該謹守要尊重病人「知的權利」。

（張晴　攝）

告知前要先做準備，先了解病人背景，與家屬充分溝通，達成共識，再選擇告知的方式，以降低對病人的心理衝擊。對於病人可能的各種情緒反應，要先擬妥應對方法。

委婉告知病情

至於何人、何時、何地、如何告知的技術性問題，首先告知者應和病人具有良好的關係，最好是主治醫師，其他如親屬好友，也是合適的告知者。然後要在病人有充分心理準備時告知，避免旁邊有許多人聚集的時候。告知病情的地點，要選擇讓病人與家屬感到安心、有尊嚴的寧靜環境。告知時的態度要誠懇，用病人能理解的話語委婉告知，並要隨時察顏觀色，同理病人本身與家屬、親友的感受，視情況隨機調整病情告知內容的多寡，可循序漸進，分次說明。病人聽到告知後，可能有哭泣、憤怒、抗拒或面無表情種種反應，此時最重要的是有人在一旁陪伴他，讓他心裡有依靠。

告知臨終者的病情，有很多益處，不但能使病人早日進行生命回顧，評估自己的生命價值，並對家屬親友間的恩怨做處理，早日交代遺言與後事，讓彼此都能安心。

Question

17 臨終者如何看待死亡？

生、老、病、死是人生自然現象，每天都有變化，甚至每一分、每一秒都和前一分、前一秒不同，這就是變化無常的人生。

生滅即無常

從出生到死亡，看起來是不斷在成長，其實也是不斷地朝向死亡，就好像人的細胞不斷在壞死又更新，身體進行新陳代謝的循環一樣。心念也是如此，念念都在生滅，每一念想過後，第二念隨之產生，前念滅了後念就起。生滅之間，即爲無常。所以當人逐漸衰老，身體機能自然會慢慢退化，然後就會死亡，這是自然的生命現象。

（林家羽　攝）

身體只有使用權，沒有擁有權

對於身體這個臭皮囊，我們只有使用權，沒有擁有權，時間到了就要歸還。臨終者如果能參透生命無常這點，了解並接受死亡的必然，這樣在臨終之際，能放下一切，不執著、不牽掛，豁達面對人生的終點。

Question 18

如何用佛法幫助重症病患安詳往生？

病患臨終時，如果意識清楚，可問看看他有沒有未了的心願，或是想見的人。要勸他放下對人世的一切牽掛，以及對親友的不捨，專心念阿彌陀佛聖號就好，祈願往生西方極樂世界。

把命交給佛菩薩

如同聖嚴法師經常勸勉罹患重症的病人：「把病交給醫生，把命交給佛菩薩，如此一來，自己就是沒有事的健康人。」並鼓勵病人多念佛，提醒念「阿彌陀佛」的好處。在經典中，阿彌陀佛是大醫王，醫身體的病，醫心裡的煩惱，專注一心念阿彌陀佛，如果壽命還未到終了，蒙阿彌陀佛慈悲加持，可能早日康復，如果壽命將盡，念阿彌陀佛也可蒙佛接引到佛國淨土。因此，死亡並不可怕。

（釋常護　攝）

開解之後，仍然要提醒臨終者自己持續念佛。此時，身邊的親屬也可以開始助念，陪伴臨終者一起念佛。這樣的做法，對於尚未皈依的臨終者，是幫助他們善終的方法。

皈依三寶助安心

至於在臨終前想皈依的人，家屬可以依照他的意願，帶他皈依三寶。授皈依時，必須請一位法師到病房或休息處，舉行簡單而隆重的皈依儀式；最好能在受皈依者意識尚清楚時，開示皈依的涵義，如果病人已無法講話、起身禮佛，可以由家屬代念皈依詞，念的時候字字分明，代其禮佛，一念心誠，同樣可種下善根。

佛教對於臨終彌留的人，不管有沒有皈依三寶，最重要的是爲他念佛，並且不要擾亂臨終者的心，即是不讓他動情念，告訴他放下眷屬、家庭、財產、權位，放下世間所有東西，還要放下自己的身體，對身體不要產生執著。

有些人在臨終前，還是害怕聽到「死」這個字，所以可以轉換不同說法，提醒他萬緣放下，身心放鬆，準備展開下一段新旅程。

Question

19

如何協助朋友面對親人將離世？

面對至親或好友即將離世，不易保持心情平靜，傷心難過在所難免。

五階段情緒反應

不管是朋友的親人還是自己的親人即將離世，一般情緒都會歷經五個階段。

第一階段是否認：難以接受親人即將離開，情緒極度悲傷。

第二階段是憤怒：埋怨自己或別人沒有及早防範事件的發生。

第三階段是討價還價：願意妥協，希望還能有所轉機。

第四階段是抑鬱：當他發現無法改變現實，就會失望、沮喪及絕望。

第五階段是接受：此時終於接受親人即將往生的事實，發現日子還是要繼續，便能夠轉換心情，面對未來的生活。

並不是每個人都會經歷這五個階段，這些階段也不一定依照這個順序出現，每個人的狀況都不同，調適的時間長短也因人而異。

死亡是另一段新生的開始

人人都怕死，因爲死後是個未知的世界。人生無常，有生就有死，這是大自然不變的定律。唯有了解死亡，正確認識死亡，並隨時做好死亡的準備，才能夠不怕死亡。

我們可以試著勸勉朋友，生、老、病、死是人生的必經過程，死亡不是人生的結束，而是另一段新生的開始，甚至往生佛國淨土，展開一段更美好的旅程。如果能以豁達的坦然心態面對死亡，接受死亡，自然就能接受親友的即將離世，也不會割捨不下、放心不下了。

Question

20

如何幫助久病厭世的人？

長久臥病在床的人，身體無法行動自如，生活起居都需要人照料，長期下來，可能會覺得活在世上只是拖累家人，以爲早死、晚死都一樣，只要輕生，就能讓大家都解脫。

念佛轉心念

有這種負面想法的人，通常覺得自己沒有用，什麼事都無法做，因此灰心喪志。面對這種想法消極的人，可以勸他有空就多念佛，用佛號來轉化負面的念頭。如果病人覺得念佛很累，或無法說話，也可在心裡默念。想到就念，念佛的時候想到兒孫，就爲兒孫祈福；想到朋友，就爲朋友祈福。任何事都朝好的方向想，在尚未死前多念幾聲佛，就能多結一些善緣。

（林家羽　攝）

讓心有所依歸

人如果活著沒有生活目標，就容易厭世。勸久病厭世的人多念佛，也是讓他心裡有個信仰與依歸，有個目標。當心裡有歸屬感時，自然就會燃起生存的意志，也覺得活著是很有意義了。

Question

21

病危一定要急救嗎？

病危表示生命已經走到接近盡頭，但在醫院裡，許多人爲了種種原因，要醫生用盡各種辦法，急救病危的親人，使得病患在臨終時受盡痛苦折磨。

急救過程目不忍視

有的人在病危時，兒女可能因爲遺產分配問題未取得共識，要醫師絕對不能讓患者斷氣，醫師只好施予急救，經過多次電擊或按摩後，幾乎不成人形。有的人雖然在意識清楚時，會口頭表明若情況危急，不要插管的急救措施，只要讓他安詳離開就好。然而眞正到了瀕臨死亡前，兒女怕被人說不孝，或是哪個至親尚未趕回見最後一面，硬是要醫師急救到底。

（鄧博仁　攝）

結果患者全身插滿管子，無法說話，即使不舒服到想自行拔掉管子，還是全身無法動彈。折磨到最後，只能痛苦斷氣。

維持最後的尊嚴

病危是不是一定要急救呢？急救應該要爲病危者考慮其感受，還是對生者有所交代？臨終前侵入性的搶救措施，不但讓亡者放不下俗世的一切，不得善終，家屬在一旁看了也不忍心，最後導致雙方的傷心和遺憾。應該適度地放手，讓病危者能維持最後的尊嚴，才能生死兩相安。

人無法選擇出生的方式，但可以自己選擇死亡的方式。如果能在生前預立遺囑，向家人事先交代要處理後事的方法，包括是否急救，如此即使走到人生的盡頭，仍然可以安詳而有尊嚴地離開人世。

Question

22

器官捐贈好嗎？

儒家傳統觀念希望人死要留全屍，身體髮膚受之父母，不敢毀傷。在這樣的觀念下，早期器官捐贈的情形並不普遍，但近幾年社會上大力推廣器官捐贈，願意響應遺愛人間的人愈來愈多了。

捐贈器官的目的，在於幫助他人的器官恢復功能，或挽救他人生命。然而，許多人對於器官捐贈和往生淨土之間，還存有許多疑慮。醫學判斷已經死亡的人，就佛教的觀點可能不是眞正的死亡。有主張認爲，人死亡後的十二小時內，神識可能還有感覺，移動遺體會使亡者因不適而起瞋恨心，影響轉生。

（李蓉生　攝）

器官捐贈是菩薩行

佛教認爲，人往生後，遺體不久就會開始腐敗，對於往生者而言，已經是無用的軀殼，如果能及時捐出還有用的器官，幫助一人或數人救命延生，實屬於財布施之一，是慈悲心的展現，也是值得讚歎的菩薩行。佛典中也記載著利他行，有捐出身體而成就他人道業的菩薩行人。

其實，古代醫學尚未發達，所以還沒有捐贈器官、遺愛人間的觀念，到了現代，佛教界支持器官捐贈者已大有人在。主要的立論在於，如果人在生前已立遺囑交代，或志願在死後捐贈器官，已發菩薩誓願，捨身助人，不再貪戀執著於身體，對於器官摘除的程序，心理上已經接受，即使死後仍有知覺，也不會視爲痛苦的折磨。

遺愛人間不影響往生淨土

許多公益團體與醫學院校，多鼓勵大衆加入器官捐贈行列，讓大體做研究、教學之用，促進醫學進步，被稱爲「大體老師」。社會上對於器官捐贈者或大體捐贈者的義行，多給予讚歎與感佩，認爲是以身體器官利益衆生的大菩薩，不但無礙於往生的去處，反而是往生淨土的助緣。

Question

23

單身者如何準備身後事？

通常單身者都會提早規畫晚年生活，但是對於身後事的處理，卻比較被忽略。雖然臺灣的單身人口，多達總人口的四成，很多業者看中單身市場的商機，但是對於單身者的老年照顧與後事服務，也並不多。單身者若未先規畫好身後事，難免總是會讓親朋好友擔心：「老了會沒人照顧，死了會沒人送終。」

一切都歸零的葬儀

日本單身族對於生前準備後事，相對於臺灣似乎更為積極與開放，比較不忌諱與朋友討論。除有「單身女性墓園」，認為死後和朋友為伴也很好，「零死」、「零葬」的觀念，更迅速蔚然成風。

零葬是死後不辦葬禮、不留骨灰、不要墳地，當事人只要先委託可信賴的親朋好友協助即可，事先做好預立遺囑，一旦無常來時，不必舉行喪禮與葬禮，火化後，骨灰可請親友申請「植存」。

「植存」屬於環保自然葬，火化遺體後，將骨灰研磨再處理，裝入易分解的「環保骨灰罐」，如種植般，於專區內挖洞埋藏覆蓋，不做任何記號或立碑，也無需祭祀供品，經數月後，可自然融入大地。

在處理後事中，最重要的事是，生前務必要先委託親朋好友代辦。因爲即使是再簡化的後事，也有些申辦流程要請人協助，例如取得「死亡證明書」、申請助念、聯絡殯儀館接運遺體冰存、申請火化許可證、登記火化爐等流程手續。

（林家羽　攝）

一個人走得心安平安

其實，不論是否為單身，每個人往生的時候，都是自己一個人走。不只財產帶不走，親朋好友帶不走，一切眷戀的事物也全都帶不走。後事的種種流程，雖然可請親友協助，但是要真正走得無牽無掛，走得安心無懼，最好還是能有宗教信仰，讓心裡能有依歸處。雖然是一個人走，卻能有願相隨，平安往生。

3

冥陽兩利好修福

Question

24

什麼是做佛事？

一般人以爲做佛事就是辦喪事，其實佛事並非專爲死者而設的儀式。什麼是佛事呢？凡是信佛、求佛、成佛之事，都是佛事。佛法主要的教導對象是生者而非亡者，爲亡靈超度是一種補救的辦法，並非佛教的主要工作。

親自做佛事更加受用

因此，做佛事宜在生前，雖然喪葬要做佛事，舉凡結婚、生產、消災、治病、祝壽、謀職、開張、交易、建造、安居、行商等，也都應該做佛事。與其等到死後由親友代做佛事，何不趁人生在世，親自做佛事更加受用呢？

爲亡者做佛事，必須要體認佛事的意義，不可草草了事，要以恭敬、莊嚴的

（王傳宏　攝）

心情來做。有的人會誤認為，做佛事是法師的事，只要禮請到法師即可，自己不一定需要親自參與。請法師做佛事的主要目的，其實是為引領亡者親屬一起修行，對佛法產生恭敬心。

因此，家屬親友要盡可能全體參加，能夠跟隨持誦最好，否則也當隨衆參與、聆聽、禮拜。以亡者親友的虔誠，感應諸佛菩薩的慈悲願力，以佛法開導亡者。如果親友眷屬對於佛事漠不關心，既不參與，也不禮敬，對亡者的功用，縱然是有，也極其輕微，因此，眞正的佛事是要家屬親自去做。

推廣環保的佛化奠祭

做佛事的主要意義，是讓所有參與的人都有機會接觸佛法，跟著一起修行，而非只是出出錢、拜拜佛，爲亡者寫個牌位或吃頓齋飯就了事。雖然這也有功德，但是不夠，做佛事不能流於形式，需要用心。法鼓山所推廣的佛化奠祭，改良儀式，即是將佛法精神與時代結合，將舊傳統改變得讓現代人能夠接受，讓大家更容易參與佛事，從中體驗到佛法的慈悲與智慧。

Question 25

如何處理遺體？

人死後，不要一斷氣就立即搬動身體，最好放置八至十二小時，不要在二十四小時內埋葬或火化，能在一星期之後則更好。

真正的死亡

即使人已不能呼吸、沒有心跳，醫學上判定已經死亡，但佛教認爲眞正的死亡，是指壽（生命）、煖（體溫）、識（心識）三者全部離開身體。有的亡者身體還有體溫，神經仍有感覺，會有痛覺或不舒服感，觸碰身體可能會讓他疼痛。甚至有的亡者壽、煖都沒有了，卻仍執著於自己的身體，以爲自己還活著，不願被觸碰，如果搬動他的身體，會讓他產生瞋恨心，而影響往生。因此，通常需要經過八小時，再移動身軀。

不要擾亂亡者的神識

當遺體尚未完全冰冷，還有體溫時，不要觸摸與移動，因為可能會擾亂亡者的神識。在神識未離開前，正是心靈最痛苦的時候，此時家屬的哭泣聲，或是不當的碰觸遺體，都會讓亡者產生煩惱不安。因此，不要急著立即換上壽衣，或是撫屍痛哭，為了讓亡者善終，最好是在他身邊安靜念誦「阿彌陀佛」聖號。如同佛經所說，臨終的亡者只要聽到一句佛號，就不至於墮落惡道受苦，這是對亡者最好的祝福。

但是要將遺體放置八小時不動，除非是在家中過世，通常不易做到。此時便要看亡者有無心理準備，如果生前已明白這些是必經的程序，就比較不會起瞋心。在必要時，也可為亡者開示，請他放下對身體的執著，然後再進行搬動遺體。

Question

26

助念有用嗎？

由於一般人多半不知道要修行，更遑論生死自主，所以在臨命終時，都需要他人幫忙助念。助念的用意，在於依靠助念的功德，和阿彌陀佛願力的扶助，合力將臨命終人送往佛國淨土；即使人死後依業力立即下墮、轉生或往生，助念仍然有助於亡者超生、增福或蓮品高昇。

在《觀無量壽經》中，由於阿彌陀佛發願，即使是犯下五逆十惡罪的人，在臨命終時若遇善知識，為他說法安慰，教他念佛，至心稱念「南無阿彌陀佛」，就得往生彌陀淨土。因此，助念者為臨終者介紹慈悲的阿彌陀佛，就是臨終者的善知識。

（李蓉生　攝）

念佛結淨土緣

一般人臨命終時，除了身體的病痛外，心理正處於恐懼、焦慮與戀世不捨的雜亂狀態，這個時候必須爲臨終者開解，使他相信並且知道念佛可以往生淨土，再經由助念者聲聲入耳的佛號聲，引導臨終者的念頭一心嚮往淨土，阻絕顚倒妄想的擾亂。如果臨終前的意識還淸楚，也可以勸他一起念佛，種善根，結淨土緣。此外，不只臨終前需要助念安心，助念更要延續到死亡之後。

助念者要分數組，一組負責四個小時，或每兩個小時輪流助念。助念時要專心一意，聲音要整齊淸楚，不要太快、太高聲，也不要悲戚或急躁，以莊嚴、和諧的聲音，輕輕地念，使臨終者能安詳往生。

助念的意義

聖嚴法師向法鼓山助念團開示時，曾提出四種助念的意義：

第一是透過助念進而幫助他人：轉化家屬的無依、無奈，變成個人對個人、家庭對家庭的互助支持系統。

第二是幫助亡者往生善處：即使亡者自身福慧不深厚、意願不懇切，不能往生佛國，也能到較好的去處。

第三是協助亡者家屬安定身心：經由沉緩的佛號聲，也能幫助亡者家屬降低悲傷和恐懼的情緒。

第四是助念也是一種修行方法，有弘法的功德：當助念的經驗愈多，自己愈能堅定往生西方的信心，也就是依靠自力，念佛念到一心不亂，在助念修行當中功德圓滿。

因此，助念不只可以幫助別人，對自己也很有助益，是自利利人的菩薩行。

Question

27

爲何臨終前要念阿彌陀佛聖號？

佛教認爲人過世之後，由四種原則決定他的去處：

一、**隨重往生**

隨著亡者生前所做善惡諸業中最重大的，先去受報。

二、**隨習往生**

隨著亡者平日最難革除的習氣，而到同類相引的環境中去投生。

三、**隨念往生**

隨著亡者命終時的心願所歸，善念則轉生人間、天上，惡念則轉生三惡道中。

（林家羽　攝）

四、隨願往生

亡者生前發願學佛，則往生佛國淨土，或轉生人間繼續修行。

對一位即將壽終或已經往生的人而言，隨重、隨習的原則，已無法改變了，唯一還有努力空間的就是爲他做佛事，影響他最後的心念，隨念、隨願往生，而有好的歸宿。勸他萬念放下，一心向佛，念「南無阿彌陀佛」，這是最後一種補救的方法。

Question

28

有心助念，卻害怕面對亡者大體怎麼辦？

剛開始助念時，要克服內心恐懼，確實是一件不容易的事。

專注念佛，超越害怕

很多人受到民間信仰的影響，以爲人死之後就變成鬼，因此，對於往生者大體的恐懼感，多半是因爲怕鬼；也有的人擔憂參加助念後，如果自己沒有修行或功德力不夠，可能因此被鬼附身或是被沖煞。會有這種種迷思，是因爲對佛教缺乏正確的知見和信仰。

爲人助念是去念佛，也是修行法門之一；只要專注地念佛就容易超越害怕的情結。當我們專注稱念佛菩薩的名號，四周就有佛光普照，不僅有善神護持，也會得龍天護佑，就像舉行一場共修法會。

光明吉祥的臥佛

助念者是護送臨命終人往生佛國的護法，在一期生命的重要時刻勸他們念佛，幫助他們至心稱念佛號，靠著阿彌陀佛的本願力，與助念者的心力協助，讓他們有往生淨土的機會，所以臨命終人只會心生感恩，不會產生怨念。

如果能將亡者大體視爲一尊臥佛，看清內在的恐懼都是妄念，讓心能專注在念佛上，就能如同身在淨土中，自在無礙。

（李蓉生　攝）

Question

29

助念可以放念佛機代替親自誦念嗎？

當人尚未斷氣，神識仍在時，如果家人無法陪伴身旁念佛誦經，也請不到人助念時，可以放念佛機，臨終者一樣可以聽受佛號與經義。念佛機、光碟等電子用品雖能帶動病者念佛，但其氣氛與功效，不如有人助念，除非萬不得已，最好不要用念佛機替代助念。

一旦人已亡故，因爲念佛機裡沒有用「心」，所以要靠念佛機超薦是不可能的，亡靈得不到感應。以人助念，尤其是家屬虔敬助念，效果較佳，因爲可以藉助念者的願心、信心，感通阿彌陀佛的願力。

（張繼高　攝）

Question

30

家人各有不同信仰時，如何圓滿佛事？

一個人如果生前有宗教信仰，後事比較容易處理，子孫只要依從他的信仰即可；如果沒有宗教信仰，家屬應該站在亡者立場多加考慮。處理後事的基本原則爲以和爲貴，勿因宗教信仰不同而產生紛爭，或是對靈堂、告別式、葬禮等規畫堅持己見，而困擾家人親友，切莫爲了辦佛事，而使得家庭氣氛不融洽。

尊重個人信仰

基於尊重個人信仰，在與自己不同宗教信仰的父母、家人臨終前後，最好還是以他們信仰的儀式做爲臨終關懷。例如，基督宗教的臨終關懷，是由親屬和牧師陪伴在臨終者身邊，藉著唱詩歌、念經文、祝禱，安慰臨終者放下，放心離開。待臨終後，爲他們換穿乾淨衣服，接著由親友準備追思彌撒或追思禮拜。不同宗

（釋常護　攝）

家人各有不同信仰時，如何圓滿佛事？

教的臨終關懷過程不盡相同，但對臨終者同樣有助益。

但在私底下，佛教徒的子女可以用佛化的方式，爲臨終者念佛、念經，再把功德迴向臨終者，就像爲臨終者做最後的祝福，祝福他們即將啓程前往美善的新環境；在他們過世後的四十九天內，也可以持續在定課中、法會中迴向，或是專爲亡者拜懺誦經。如此誠心誠意的祝福功德，在諸佛菩薩誓願力加被之下，對他們的福德提昇仍然有幫助，並不會因宗教信仰不同而有差別。

與家人預先說明佛事規畫

死亡規畫並不複雜，無需忌諱，主要包括遺體處理、安葬儀式、遺產、債務等。如果我們能在生前就完成規畫，便不會因事情未交代清楚，而讓家人處理時措手不及。當家人能清楚了解我們想採用佛教方式處理人生最後一件大事，由於經過溝通說明，最後應能圓滿成就我們的心願。

Question

31

佛化奠祭與民間喪儀有何異同？

任何一種習俗的形成，均受時代背景與社會環境影響，雖然中國文化注重倫理和孝道，但是一些傳統民間喪葬禮儀的內容，已和現代人的生活脫節，變成像是奇風異俗。由於死者已無機會有所主張，而亡者家屬多半只能順從古老的習俗，少數人雖希望將亡者的後事做得更有尊嚴，卻不知從何著手，所以也只能隨順習俗辦理。

給予亡者應有的尊嚴

因此，民間喪禮儀式除表面上排場喧鬧盛大，實際上並不能給予亡者應有的尊嚴，也不能給予生者當得的安慰。甚至有時太過熱烈的排場，還會影響交通、製造噪音，造成人們生活干擾。

（林家羽　攝）

有鑑於此，佛化奠祭即希望在簡化、節約、惜福、培福的原則下，完成隆重、肅穆、整齊、祥和而又莊嚴的佛事。對亡者做懇切追思與虔敬祈福，對其家屬親友也達到關懷的目的，讓人人感受到聖嚴法師所說的：「人生的終點，不是生命的結束，而是無限的延伸與圓滿的連續。」

避免鋪張浪費

佛化奠祭具有環保惜福精神，能避免鋪張浪費，節約物資與時間人力，讓參與者能更專心於念佛祝福亡者。不論是飲食、祭祀或排場的種種花費，其實對亡者並沒有實質的幫助，只是展現家屬的社會地位和財力，因此佛化奠祭不用花籃、供品、樂隊、儀隊、花車……。至於燒紙錢、燒紙房子、燒紙車子……，燒這些紙製的生活用品不但浪費資源、消耗財力、汙染環境，亡者其實也用不到，不如將財力為亡者另做布施積福德。與其聘請龐大樂隊、儀隊，皆不如家人自己用心念佛，更能展現追思心意，也讓參與的親友同感溫馨莊嚴，傳達對亡者的尊重敬意。

如此一來，奠祭亡者的眞正精神與意義，才能夠被彰顯出來，不會被繁文縟節所掩沒。亡者能夠得到應有的尊重對待，生者也不會陷於慌亂不安，能夠生死兩相安。

Question
32
喪葬儀式是不是愈盛大愈能庇佑子孫？

民間信仰認為人死了之後，還有魂魄的存在，一如生前的個性、喜好，甚至連渴愛的東西也相同；而且人死後的魂魄，對家人或後代子孫，會有決定興衰好壞，旺族或敗家的力量，只要後代沒有按風水、習俗或甚至是先人的愛好來安葬、祭拜，就有可能招致壞運，連帶使整個家族走上衰敗。因此，特別重視喪葬儀式的隆重盛大，希望亡者能庇佑家族子孫。

神通不敵業力

然而已往生的人，是不可能承擔子孫的果報，不論子孫未來如何興、如何敗，都與亡者沒有絕對的關係，仍然以子孫個人的業報因素為多，也因此，亡者神識不可能反過來影響子孫的業報，即使神識有心、有神通力也做不到，畢竟「神通不敵業力」。亡者神識在經過中陰階段後，便會投生六道中的一道，並不見得會投入鬼道，停留人間。如果先人早已投生爲人、爲神，或是動物，怎有能力爲子孫興家旺業？當然也不會因爲喪葬儀式排場不夠氣勢，或是墳墓風水不佳而生氣遷怒子孫。

最好的遺產

在子孫綿延的生命承接上，傳承先人的精神，並進而轉化成爲現世的作爲，這才是亡者能帶給我們最好的遺產，也是大孝眞正能發揮影響力的地方，而不是祖先的墓園布置。也唯有如此，我們才能從至親的離去，檢視我們對生命的態度、對死亡的觀點，並進而去超越我們所生而具有的「死亡恐懼」。

Question

33

佛化奠祭有何基本流程？

佛化奠祭的基本流程如下：

一、臨終處理

1.送醫急救無效者，如果醫院設有助念室，同意家屬助念，可視病者或家屬意願，留院或返家。如果醫院不允許助念行爲，可視情況將病者在彌留之際（即使已往生也無礙），將病者送回家中安頓。

2.亡者斷氣後，應先找助念團或蓮友盡速助念，全心念佛。

3.可爲亡者蓋上「往生被」，恭請西方三聖像置放在屋內清淨之處，幫助大衆提起正念。

4.經過八至十二小時助念後，再替亡者淨身、更衣，並移至大廳或送殯儀館存放。

5.遺體四周用線牽圍，再掛上黃布緯縵。遺體頭在內、腳在外。

6.在緯縵前，設置靈桌，可以用四方桌鋪蓋黃布，桌上一對鮮花、四樣供果、一對蠟燭或蓮花燈、一個香爐、一杯供水，再加上亡者的蓮位即可。

二、入殮

1.往生後二十四小時，才可進行入殮儀式，入殮時家屬必須至誠念佛。

2.遺體所穿衣服，以整齊、大方爲原則，不必依俗穿著七層服裝，既浪費又損福。

3.不必爲亡者配戴生前喜愛的飾品、配件等，因爲會增加執著。

三、告別式

1.靈堂布置宜肅穆、莊嚴、高雅、樸素，不用鼓樂喧鬧。

（李蓉生　攝）

2. 遺屬的喪服，一律以長袖黑色衣鞋，取代不合時宜的麻衣、草鞋，並以素色念珠做爲「帶孝」。

3. 前來悼祭的家屬與親友，均著黑色衣鞋，不必戴頭巾、腰巾等。

4. 不要以酒肉葷食招待親友與祭祀亡者，靈前應以香花、蔬果、素食供養。

5. 花籃、花圈、輓幛均應適可而止，不要大事鋪張。

6. 親友致送奠儀時，如能移做供養三寶、弘法利生及公益慈善等用途爲佳，將此功德迴向亡者。

7. 由主祭者報告往生者生平功德。

四、出殯、送殯

1. 由主持的法師或居士說法起靈。眷屬扶柩隨同靈車，親友隨後。

2. 勿用擴音器沿街喧鬧，但應於靈車內播放佛號，並隨車念佛。

3. 全部過程應當保持肅穆、莊嚴、威儀、整齊，以表達對三寶的虔敬和對往生者的追思。

五、守喪期間

1. 亡者往生後，最好從過世的那一刻起，便不斷爲他助念。

2. 能夠在七七四十九天之中，每天做佛事最好，可視個人的狀況決定。

3. 想要超度先亡眷屬，可以恭敬、供養諸佛菩薩，讀誦、受持諸種佛經；或是布施、供養出家僧衆。

4. 亡者眷屬可以發心在四十九日內，吃素念佛、淨守五戒（不殺生、不偷盜、不邪淫、不妄語、不飲酒及不食五辛），並持續爲亡者誦經、念佛或做超薦、印經、布施、供養等佛事，將功德迴向給亡者，如此冥陽同霑法益，均蒙其利。

Question

34

一定要在家設靈堂與蓮位嗎？

對於亡者而言，靈堂即是前往西方佛國的起站；對生者而言，是共同來此，恭送未來的佛陀，前往西方的淨土。

設置靈堂撫慰家屬身心

在為亡者完成助念，將遺體送殯儀館存放後。靈堂不一定要設在家裡，但是如能在家中設置靈堂，安放佛像、往生者蓮位，將能撫慰家屬身心，並方便家屬早晚課誦佛經，以及親友悼念。布置靈堂應以莊嚴溫馨為要，讓全家大小居家生活不受影響，孩子不會感到害怕。

如果家中已設置靈堂，家屬做佛事，不要只局限於做頭七那一天，全家人應

（李蓉生　攝）

該每天都盡可能一起做早晚課，迴向功德給亡者。

佛力超薦，往生佛國

「蓮位」是佛教徒對「牌位」的稱呼，通常在往生者離世四十九日後，可以火化處理。在治喪期間，如果家中未設靈堂與蓮位，也可集合家人每日於固定時間，在客廳一起誦經念佛，或與家人參加寺院的法會共修。

現代寺院也提供雲端牌位的服務，可透過網路連線，爲亡者寫超薦蓮位。超薦蓮位是將希望超薦的亡者名字寫在佛前，目的是邀請亡者聽聞佛法，以化解煩惱執著，祈願佛力超薦，使亡者往生佛國或轉生善道，超生離苦。能否超度的關鍵，不在於牌位本身與形式，重點在於我們對佛法的信心，能否讓我們的心力連結佛菩薩願力，感通被超度者的業力，而得超度至佛國。

Question

35

如何做告別式？

告別式宜以環保簡約為原則，完成隆重肅穆而溫馨祥和的莊嚴佛事。過程既尊重往生者應有的尊嚴，同時給予家屬親友深切的安慰。

日日是好日，時時是好時

如依民間習俗，挑選曆書的吉日，往往造成殯葬場所不敷使用，而致匆促了事，徒留遺憾。如以佛教的觀點安排告別式程序，日日是好日，時時是好時，所以不須擇吉日、吉時。另外，為免眾人勞累，避免繁文縟節，告別式的時間，不要過於冗長。

在訃文上，宜事先懇辭罐頭塔、花圈、花籃、輓聯、輓幛，以維持會場簡潔。

不需準備招魂幡、開魂路、捧米斗、撐傘遮牌位、辭生、放手尾錢、封釘、冥紙、往生錢、靈厝、庫錢，或任何陪葬衣物等俗儀用品。為長養家屬的慈悲心，不以葷腥酒肉等物祭拜與招待親友。為維護環境安寧及清潔，不雇請花車、樂隊、陣頭等儀仗隊及沿路撒紙錢。

衣著部分，家屬儀容應整潔莊嚴，不需披麻、戴孝、穿草鞋，及戴頭、臂、腰巾，男女齊著黑色衣、褲、鞋，外著海青或黑袍即可。亡者的衣著，以整潔舒適大方為原則，新舊皆可，不必穿五或七層的壽服。

簡約莊嚴的告別式

告別式會場，必須安置佛壇與往生者蓮位，以示恭敬之情，布置方式宜簡約、溫馨且莊嚴，供品以鮮花、水果供養即可。淨化儀式以一部經文及佛號祝祈，儀式隆重肅穆且祥和。主祭者報告往生者生平功德，讓參與者知道亡者生前的善德，使亡者覺得此生不虛度，並激發後人見賢思齊之心。宣讀內容可包括生歿的年月日、籍貫、皈依、受戒的時地及其法名、行善事蹟、修持狀況、家屬榮譽，以三至五分鐘為宜。為免時間冗長，公祭時採用聯合唱名，唱名至的團體單位，集體起立致敬即可，不必全體出列。如此，也可讓長者參加告別式時，不會因等候過久而身體不適。

火化儀式中，可用念佛機引導全程念佛。因人的神識於斷氣後八小時，已離軀體，入爐火化時，不必擔心亡者為火燙傷而喊：「快跑！」不論晉塔、出殯或回家途中，皆可全程用念佛機引導念佛。

告別式原本是喪禮，能用送佛去西方的想法進行全程儀式，便不再是悲傷的喪事，而是莊嚴的佛事。

（張繼高　攝）

Question

36

如何選擇葬禮？

葬禮會隨著時代變化，而有不同新方式。例如瑞典推出「冰葬」，通過低溫冰化把遺體打散成骨灰，回歸大地。日本現在甚至流行「零葬」，主張不辦葬禮，讓一切都歸零的葬儀方式。

目前臺灣常見的葬法，以火葬與土葬爲主，其中大部分爲火葬。土葬一般會在三年後進行撿骨，把骨頭放到骨灰罎，再置於靈骨塔；火葬是指遺體火化後，直接將骨灰裝入骨灰罎，安放於靈骨塔，或使用海葬、樹葬等灑葬方式，近年在環保意識增強後，政府致力推廣「節葬、潔葬」的綠色環保殯葬理念，鼓勵人們接受環保自然葬。

土葬入土不安

中國人傳統崇尚土葬，認爲「入土爲安」，並重視陰宅風水。但事實上，亡靈會「入土不安」，如果死後經過一段時間，既未往生佛國，也未轉生他處，亡靈就會與遺體同在，以遺體或棺木爲棲息處，徘徊不去，無法超生。

臺灣地小人稠，火葬是比較適合又環保的選擇，不只能節省土地資源，更可避免環境汙染。對亡靈來說，屍身火化成灰，比較容易讓他正視死亡，能放下執著去轉生。

隆重莊嚴，安詳往生

無論選擇哪一種葬禮，皆應以隆重莊嚴爲首要原則，力求簡樸，讓亡者有尊嚴。能讓參與葬禮的人感受到亡者的尊嚴，也讓亡者的親友們有尊嚴，這就是最好的一種葬禮。

所謂的「隆重莊嚴」，意指可以感覺到亡者安詳、平靜地往生西方，親友們齊聚一堂懷念他，祝福他展開下一段全新的旅程。我們爲亡者舉行喪禮時，應該抱持著祝福的心情，將其當成舉辦一場送行的儀式一樣。

Question
37

什麼是環保自然葬？

所謂的環保自然葬，是指當人死亡後，採用火化方式，將遺骸燒成骨灰後，不做永久的設施、不放進納骨塔，也不立碑、不造墳，讓遺體回歸大地，避免破壞環境，節省資源土地，提昇殯葬文化與人的精神內涵。

新時代的殯葬思惟

隨著臺灣從早期的農業社會邁入工商社會，傳統民間繁瑣的喪葬形式已不符合現代人的生活步調，必須改變。爲解決土地資源等問題，從六〇年代左右，政府大力推廣火化入塔，直至八〇年代火化觀念已普遍爲國人所接受，而這種喪葬方式的確較過往的土葬，更加節省土地成本、時間、資源和金錢。然與時俱進，火化入塔終究是治標而不治本的方式，臺灣的靈骨塔氾濫，靈骨塔的「只進不出」，讓空間無法有效運用，形成許多「死塔」，也讓大家開始意識到此一政策該功成身退。在新頒布的殯葬管理條例中，爲符合環保的世界潮流，臺灣的喪葬形式必須走向新的時代思惟，法條明確列入了「樹葬」和「骨灰拋灑或植存」二項，也就是所謂的「環保自然葬」。

樹葬

「樹葬」是指在公墓內將骨灰藏納於土中，再植花樹於上，或在樹木根部周圍埋藏骨灰的安葬方式。這種安葬方式不僅保留了傳統文化入土爲安的精神，也兼具環保概念，讓人體回歸自然，隨土地生態循環再利用。

實際執行方式首先必須由委託人（親友）向政府殯葬單位申請通過，受葬者火化後，骨灰必須經過嚴格的再研磨過程，使之可溶解在泥土裡。研磨後的骨灰必須裝入易於分解的環保骨灰罐中，在政府指定的墓地範圍，由管理員陪同進行穴位挖掘，埋藏覆蓋後即告圓滿。

骨灰拋灑或植存

骨灰拋灑或植存，即所謂的「海葬」和「灑葬」。「海葬」指在政府畫定的海域內進行骨灰拋灑，在日本早已行之有年，它不需要利用任何的土地，對於地狹人稠的地區是很有利的喪葬方式，尤其臺灣的環境四面環海，推行海葬是相當理想的。

「灑葬」則是指在一般公園、綠地、森林等適當場所，由政府畫定一定區域，於其上進行骨灰拋灑或植存。灑葬目前在臺灣較少為人接受，一方面臺灣人普遍仍將骨灰認知為「死者遺體」，充滿忌諱和恐懼，因此施行區域常與墓地規畫在一起。近年希望透過成立「生命紀念園區」來推行灑葬概念，改變國人對死亡的觀念，體會在大自然中生死無別，只有動人的寧靜與美景。

（林家羽　攝）

選擇環保自然葬，展現慈悲心

環保自然葬本身即有節葬、潔葬的觀念，可以改善浪費繁複的禮俗，這是「生活環保」；不破壞自然景觀、不造成土地利用的浪費，有助於保持生態環境的平衡，確保人類生活空間的共存共榮，這是「自然環保」；著重對往生親人的感恩、追思，維護生命的價值和尊嚴，這是「禮儀環保」；最重要的是打破對身體的執著，不再莫名恐懼死亡，正視身後問題，更是一種「心靈環保」的實踐。

身體，只是我們此生神識暫留的居所；死亡，也不過是生命循環的必然現象。如果能不執著於有形之軀，以最無垢的方式回歸自然，化為春泥白浪、清風飛雨，生命的歷程將更顯灑脫豁達，也是對大地眾生慈悲心的展現。

4

心安平安真自在

Question

38

一定要依傳統習俗辦喪事嗎？

很多人希望能依佛化奠儀方式處理後事，但親朋好友總會勸說，要依民間傳統習俗，排場比較盛大隆重，能表現誠心與慎重，也比較不會觸犯禁忌。因此，在處理時，有時會不知該如何處理與溝通。

如果亡者生前已表示，希望採用佛化奠儀方式，可以在與家人溝通時先提出，原則上應能很快達成共識，尊重亡者意願。如果亡者生前沒任何想法，而家人想直接請禮儀公司全程處理，依照民間習俗辦後事時，可向他們說明採用佛化奠儀的意義與優點。

（林家羽　攝）

生命的尊嚴和死亡的莊嚴

要表達對亡者的眞正敬重與心意，後事最好能由親朋好友共同參與，而不全部交由禮儀公司直接處理，如此容易讓儀式流於形式，感受不到家人間的向心力。可先與家人達成對後事的目標與方向爲：採用佛化的奠祭儀式，以環保節約、隆重祥和爲精神，展現生命的尊嚴和死亡的莊嚴。

環保節約以積德、惜福、培福，爲亡者積功德。隆重祥和以共修佛事，凝聚全家心力讓亡者往生佛國，讓生者同感莊嚴。爲達到此目的，喪葬方式盡可能不鋪張浪費，不做喧鬧的盛大排場，將費用轉於爲亡者做布施。喪葬時間不禁忌，日日是好日，時時是吉時。

不用擔心民間習俗

由於往生後的八小時，是最重要的助念黃金時間，所以家屬與助念團或蓮友，此時應專心助念，不要分心處理其他民間習俗。很多民間習俗的禁忌事項，皆因將亡者視同爲鬼魂，所以有拜腳尾飯、燒往生錢等習俗，但經助念後，亡者會直接往生佛國，完全使用不到冥具，所以不需再做這些事。靈堂布置以簡約素雅爲原則，不宜繁文縟節。

做佛事的意義是讓大家一起共修，迴向給亡者，並非是出家法師的任務，因此最好在亡者往生後四十九日內，全家每日都一起做功課，或至佛寺共修。不用做頭七，是因亡者在助念後已超生，不會再回家，而且天天做佛事，比只做形式上的頭七，更有意義。佛化奠祭既愼終追遠，又冥陽兩利。能讓所有參與者覺得，人生的終點並非生命的結束，具有更開闊深遠的未來。

Question

39

死亡是由死神的生死簿決定嗎？

傳說死神閻羅王手中有一本生死簿，記錄著每個人的壽命長短，當世壽盡時，閻羅王就會派牛頭馬面或黑白無常，將人的魂魄押赴陰曹地府接受審判。此一說法是出自中國的民間信仰，不是佛教的觀點。

閻羅王也為生死苦惱

我們在許多經典中會看到閻王的記載，這是佛教爲隨俗教化的方便，而相信閻羅王的存在。經典中的閻羅王被視爲鬼王，統領餓鬼道及地獄道的衆生，即使威德福報很大，但是「朝爲閻羅王，晚呑熱鐵丸」，既享福報也受罪報。連閻羅王也爲生死苦惱，如何能用一本生死簿決定生死呢？

（鄧博仁　攝）

心識變現出的幻景

正信的佛教，不認爲人死後必須經過閻王的審判，但對於民間的傳說，如陰曹地府、閻王派獄卒捉拿將死的人等，佛教也不反對，因爲有的佛教教派認爲，閻羅王與獄卒均是由各個地獄衆生的業力所感，是由衆生的業識所變現的，由於衆生在生前有這樣的觀念與想法，死後心識才會變現出如此的情境與現象，這也是爲什麼民間傳說裡，中國人所見的陰曹地府，裡面都是中國人，而西方人的地獄則都是西方人。

Question

40 幫人助念會犯沖煞嗎？

由於民間信仰將死後的人視爲鬼，讓人對死亡有很多忌諱，有的人因此不敢幫忙助念。例如認爲到喪家會犯沖煞生病，甚至會將霉氣帶回家，影響運氣。或是如果在醫院看到遺體，很可能會被亡者陰魂糾纏。

龍天護法隨身護持

根據經典的記載，只要是皈依三寶的佛教徒，就有三十六位善神隨身護持，而且爲人助念即是念佛，不僅善神會保護，也能得到龍天護持。爲亡者助念，是恭送未來佛到佛國淨土，不但不會因此倒楣，還能因福德增長，增添福氣。

有時去喪家或醫院助念，會身體不適，可能是本身剛好感冒頭暈，或是可能室內空氣不流通，人多時念佛，便容易感到缺氧不舒服。助念時，可自行視情況做調整。

改變家庭不安氣氛

親人過世對喪家而言，確實是不幸的事，家屬可能會因傷心而愁眉苦臉、失魂落魄，讓家中變得陰氣沉沉。然而在爲亡者助念、誦經迴向後，家庭的氣氛會爲之一變，因爲助念是莊嚴的佛事，得到佛菩薩的願力接引亡者，再加上衆人的共同祝福，即使眞有煞氣，也都在聲聲佛號裡，化爲福氣了。

心安就有平安，我們不但要以佛法爲人助念，更要用佛法幫自己安心。

（鄧博仁　攝）

Question

41

遇到喪禮要繞路走嗎？

很多人從小就被這樣教導：遇到喪禮要繞路走，如果無法避免，在經過喪家時，要抓緊大拇指或是摀住口袋，才不會被亡魂抓走。甚至在參加喪禮時，母親也會要我們在口袋裡放紅包、榕樹葉、菖蒲、茉草等物以避邪。雖然不解，但也只能懵懵懂懂地照做。

由於中國人認爲人死就變成鬼，所以對於死亡有很多禁忌與擔憂，透過一些祈福避邪方式，能夠讓人暫時化解心中不安。但是其實人死，不一定會到鬼道，如果能念經祝福亡者與家屬，將亡者視爲佛，將喪家視爲人間淨土，心理就能平安。所謂疑心生暗鬼，心裡愈害怕亡靈，愈擔心禁忌，反會更加不安。

（鄧博仁　攝）

Question

42

意外事故的往生者，眞的需要招魂嗎？

在很多發生意外事故的現場，家屬會請道士將亡者的魂魄引回家，以免亡者的魂魄在外面流浪，變成孤魂野鬼。

佛教並不主張引魂的行爲。因爲人死後的中陰身，在四十九天內會有轉生的因緣，大善人很快就生天國或佛國，大惡人則很快就墮惡道。普通人則最遲在四十九天內，也會投生到六道中某一道。由於中陰身沒有空間距離的限制，能隨心到達去處，所以不需要到亡者所在地、或者死亡的地點去爲他引魂。透過佛菩薩的慈悲願力，爲亡者誦經念佛，他可以很快領會佛法，往生善道或佛國。

（李東陽　攝）

Question

43

一定要在家裡嚥下最後一口氣嗎？

傳統觀念認爲在外死亡不能回家，因爲不論是在醫院或在外地發生意外，如果死後返家，會將不祥的病氣或災禍一起帶回。甚至有說法認爲，魂魄會被家裡門神擋在門外，視同孤魂野鬼，而進不了家門，只能停屍在門外。因此，許多家屬顧不得病危者的情況，急著將病危者由醫院趕送回家，讓病人爲此飽受身心折騰，這是不近人情的作法。

事實上，在歐美國家，甚至現在的臺灣，多半往生於醫院，從醫院直接送到殯儀館，然後就在火葬場火化，並沒有堅持要回到家裡。人死後的神識，可能馬上就離開了，不可能留下不祥之氣，所以有沒有留一口氣回到家，並不重要。不需要迷信道聽塗說，造成生者、亡者的遺憾。

Question

44

爲什麼亡者會託夢來討紙錢、紙屋？

亡者之所以託夢討紙錢、紙屋，可能是因爲亡者生前受到民間習俗觀念的影響，見到有人爲往生者燒化紙紮的房屋、汽車、財寶等物品，心中就認爲人死之後，需要親友代爲燒化這些東西，以便自己死後可以受用。因此往生之後，根深柢固地認爲自己需要這些東西，所以才會有託夢的狀況發生。

鬼道用不到紙錢

至於燒化紙錢是否眞的有用呢？中國人一向相信人死後爲鬼，認爲陰間和陽間一樣，需要使用貨幣、器具，因而出現墓葬文化；東漢發明紙張後，燒化象徵性的金紙、銀紙，更演變成中國特有的風俗習慣。不過，鬼道眾生不事生產，也沒有交易買賣，紙錢並無實質功能，因此燒化純粹是一種對亡靈的慰問與關懷。

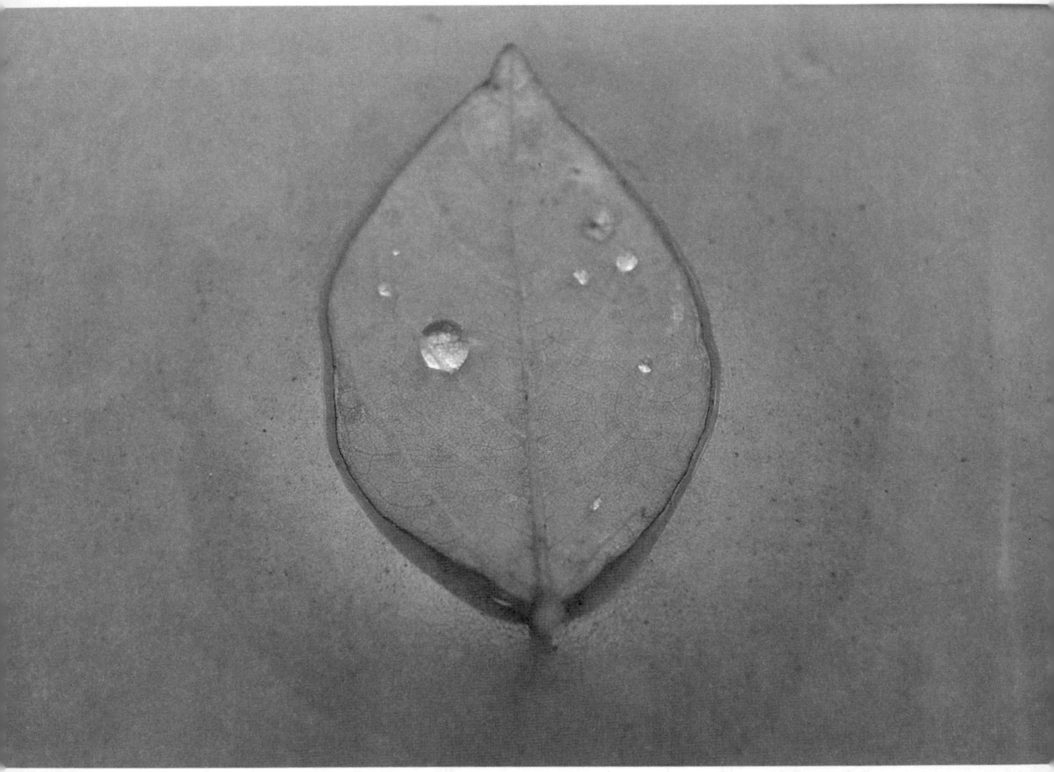

（張繼高　攝）

心開意解才有機會轉生善道

燒紙錢告慰亡靈，或許有些安慰的作用，但亡者仍流連不去、無所依靠，因此從佛法的角度來看，與其燒化，不如誦經，讓亡者聽聞佛法，放下心中的愁悶、仇恨、怨苦，心開意解才有機會超度、轉生善道。

另外，從環保的角度來看，我們今日所用的紙張，多是砍樹而來；燒紙錢、紙屋，對亡靈沒有實質幫助，對人間則是破壞了地球生態，帶來無盡的災難。因此，多念佛、多布施，將功德迴向亡者，對亡靈、對我們的社會都有益處。

Question

45

鬼月參加喪禮與助念，是否容易撞邪？

農曆七月俗稱「鬼月」，也就是所謂鬼門開的日子。這本是根據中國古代祭祖的遺規而來，道教利用佛教的盂蘭盆日而倡中元節度亡，加上佛教的地藏王菩薩發願要度盡地獄的一切衆生，而地藏王的生日正好是農曆的七月三十日。因此，這些信仰便被混合爲民間盛傳的鬼月一說。

不需要擔心不平安

其實，所謂的鬼門開，並非眞有一道鬼門被打開，鬼道的衆生會跑出來；必須是人們爲陰間衆生做功德的心念與之相應，才會來接受祭祀；如果沒有人爲他們超度或祭祀，他們就不會出來。因此，認爲鬼月諸事不宜的想法，像是不能參加喪禮，或是不適合舉辦婚禮，其實都是心理因素。像是歐美國家沒有鬼月的傳

（李蓉生　攝）

說，也就沒有這些禁忌了。因此，了解鬼月由來後，不論是參加喪禮或助念，都不需要擔心會不平安。

佛教相信因果法則

佛教並不相信民間禁忌，強調的是因果法則，人世間不會突然跑出魔鬼，也不相信因為時辰不對做事就不順利等，佛教徒是不相信這些的。不過，佛教也會入鄉隨俗。因為社會有這樣的需求，所以誦經、拜懺，以佛法為眾生做開示，讓人們的心理從不平安變成和諧，從憤怒變成慈悲，並讓一切亡靈得到安寧。

Question

46 如何與孩子解釋死亡？

當孩子發出「爲什麼人會死掉」的問題時，父母或大人該怎麼反應呢？千萬別說：「小孩子亂講話！」不要壓抑孩子對死亡的好奇，孩子很可能也在尋求父母的關愛。

不同年齡孩子對死亡的理解

不同年齡層的孩子，對於死亡會有不同的解釋：

四歲以下的孩子：以爲死亡是暫時的，像出門上學一樣會再回來。孩子害怕分離與被遺棄，因此常有誇大的悲傷與退化的行爲，需要大人加以包容體諒。參與喪事活動，會有助於孩子化解情緒，並建立安全感。

（李蓉生　攝）

四到七歲的孩子：雖然明白死亡是永遠的終結，卻以為死亡可以用一些方法逃避、打敗或智取，像趕走妖怪或壞人一樣，無法滿足於大人所給的眞實答案。因此，常用畫圖或說故事方法，引導孩子表達未被察覺的感受，透過互動，分享彼此想法。

八歲以上的孩子：知道人都一定會死亡，要讓他與親友分享感受與悲傷，鼓勵他以具體的方式表達，化解徬徨不安，像在一些地震、水災造成傷亡後，學校老師會帶著孩子用製作卡片、摺紙等方式，追悼亡者。

分享對死亡的看法

年齡大的孩子，比較能認識與接受死亡，但是幼兒還無法明白，只要聽到「死掉」兩個字，就會產生很多的反應，會不停追問死掉到底是怎麼一回事。當父母或大人聽到這樣的提問時，不用急著給答案，可先觀察孩子的生活情況、身心狀態，了解他爲何提出問題。在了解狀況後，可以反問孩子的想法與心情，慢慢化解他的不安。例如當孩子問說：「爺爺、奶奶去哪兒了？怎麼都不回家？」可以回說：「他們到阿彌陀佛那裡留學了，要讀完書才能回來。」

面對孩子失去親人的困惑，要先接納孩子的情緒，同理孩子的心情，再引導孩子將對往生者的眷戀不捨，轉化爲美好的祝福。

Question

47

為往生多年的親友做超薦是否有效？

佛教相信超度的作用，但是超度只是一種次要的力量，而不是主要的力量。修善的主要關鍵時間是在各人的生前，雖然家屬能以修善的功德迴向給亡者，但如《地藏經》中說，亡者也僅得到七分之一的利益，其餘的六分，仍是生者所得。

參加法會做超薦可以超度亡者的亡靈，同樣也可以追薦亡故已久的死者，只是力量小得多。因為死者可能早已轉世，無法來聽經，但是替他誦經做佛事，幫他結其他眾生的善緣，仍是不無助益。做超薦既能嘉惠生者，又可資益亡人，可說是冥陽兩利的事。

（許朝益　攝）

Question 48

無法走出親人過世的傷痛怎麼辦？

很多人在親友往生一段時日後，仍無法停止心中的悲傷，總不停在心中追問：「他是好人，爲什麼會英年早逝？」「他死後去了哪裡？過得好不好呢？」「爲什麼都沒託夢給我，是生我的氣嗎？」這些問題不論問得再多次，可能都得不到答案。

不射第二枝箭

亡者既然已經往生了，不論生者如何悲傷，都不可能再次喚回，只有「面對它，接受它，處理它，放下它」。如同佛陀曾經說過一個故事，有一個人被射了一枝箭，最重要的應該是趕快療傷，而不是放任傷口不管，一直研究這枝箭的材質、是誰射的等問題。而懊惱、後悔等負面的情緒，就如同自己射傷自己的第二枝箭。

已經往生的人並不希望活著的親人，永遠為他們的過世而痛苦、悲傷。為了能讓亡者走得安心，往生西方極樂世界，生者應該努力保持自己的健康與平安，如果一直受困在哀傷的情緒中，亡者是無法安心往生的。人生只要往前走，就有無限的光明，如果一直停留在悲傷、哀痛的狀況，就看不見未來了。

超度悲傷

可以參加法會共修，一方面為亡者祈福，另一方面則讓自己安定身心。法會能同時超度亡者與生者，但是法會的超度內容，絕對不只是儀式而已，儀式只是一個媒介，超度的關鍵在於能否領受法義，體會人生的苦、空、無常、無我，心開意解，進而將佛法的精神，在生活中實踐出來。超越生死無常的悲傷，把握有限的生命，追求更積極、更有意義的人生。

（林家羽　攝）

Question

49

生前作惡太多，臨終助念有用嗎？

造大惡業的人一旦死亡就到地獄去，而造大善業的人則會生天。學佛學得很精進的人，死後立即依願前往佛國淨土。

助念轉心念

因此，在臨終之前，親友就應該開始爲即將往生者助念，不論是念「阿彌陀佛」或「觀音菩薩」等聖號，都可以幫助亡者順利前往西方極樂世界。

作惡多端的人在臨終時，更需要別人的助念，助念的用意是幫助他轉念，轉念能使他不因惡業很重而墮入地獄。所以即使是造了惡業的人，助念還是能幫助他有轉變的機會。

（李蓉生　攝）

心不與惡道相應

念佛是不可思議的超度法門，《法華經》說：「念佛一聲，罪滅河沙。」念佛即可罪滅除愆，消災免難，得現在利益，也得後世利益。《觀無量壽經》也說：「至心稱佛名故，於念念中，除八十億劫生死之罪。」念佛能有如是力量，除因佛的願力廣大外，也因念佛能讓心清淨，心清淨了，自然就不與惡道相應，而能往生善道。

Question

50

寵物死了也能去佛國嗎？

有人聽說西方極樂世界，沒有畜生道、餓鬼道、地獄道等三惡道，所以會認爲家中寵物死後，即使幫牠皈依、助念，都是沒有用的。

不能少善根福德因緣

其實，阿彌陀佛曾發願，希望他成佛時，十方世界所有衆生，都能往生到他的佛國。只要能往生到他的佛國者，不論原來是在六道的哪一道，都能具有與佛一樣的紫磨眞金色身。佛國裡沒有三惡道，是因爲所有的淨土衆生，都是蓮花所化生的。阿彌陀佛發願如有三惡道衆生，因種種因緣得以往生佛國時，都能受佛法教化而如佛覺悟，不會再墮落至三惡道。

因此，動物如果能有福德因緣往生佛國，都已是蓮花化生，不再現畜生相。但是《阿彌陀經》說往生的條件，要念佛念到一心不亂，不能少善根福德因緣。如果心不能與阿彌陀佛相應，便缺少往生的福德因緣。也由此可知人身難得，能有機會聽聞佛法，能信佛、學佛、念佛，實屬不易。所以佛教雖說衆生皆有佛性，動物當然也有成佛的可能，只是在六道裡，還是以人道最適合修行，只有人的身心可做爲修道的器具，其他衆生都不具備修福、修慧的條件。

把握人身好修行

但是爲動物皈依、助念，至少能爲牠種下善根，讓牠不執著主人與畜生身，可以安詳轉生。在極樂世界裡，有許多種鳥類，這些鳥當然不是三惡道的衆生，而是阿彌陀佛的願力變化所成，所有動物都是佛的化身說法。不妨也將家中寵物，視爲阿彌陀佛的願力變化所成，讓我們更加珍惜人身，用功修行。

（張晴　攝）

學佛入門Q&A 6

生死50問

50 Questions about Concerning Life and Death

編著	法鼓文化編輯部
攝影	王傳宏、李東陽、李蓉生、林家羽、許朝益、張晴、張繼高、鄧博仁、釋常護
出版	法鼓文化
總監	釋果賢
總編輯	陳重光
編輯	張晴、林文理
美術設計	和悅創意設計有限公司
地址	臺北市北投區公館路186號5樓
電話	(02)2893-4646
傳真	(02)2896-0731
網址	http://www.ddc.com.tw
E-mail	market@ddc.com.tw
讀者服務專線	(02)2896-1600
初版一刷	2015年11月
初版八刷	2023年 5 月
建議售價	新臺幣180元
郵撥帳號	50013371
戶名	財團法人法鼓山文教基金會—法鼓文化
北美經銷處	紐約東初禪寺 Chan Meditation Center (New York, USA) Tel: (718)592-6593 E-mail: chancenter@gmail.com

法鼓文化

國家圖書館出版品預行編目資料

生死50問 / 法鼓文化編輯部編著. -- 初版.
-- 臺北市 : 法鼓文化, 2015. 11
面； 公分
ISBN 978-957-598-684-1(平裝)

1.生死學 2.佛教修持

220.113 104018984